EDICT
CONTENANT

L'ORDRE ET REIGLEMENT

que le Roy veut estre obserué en
ces fonctions de l'office de
grand Voyer.

À PARIS,

Chez ADRIAN TIFFAINE ruë S.
Iacques à la Croix de Fer.

M. DC. XXIV.

EDICT
CONTENANT

L'ORDRE ET REIGLEMENT
que le Roy veut estre obserué en la fonction & droicts de l'office de grand Voyer.

ENRY, PAR LA GRACE DE DIEV, ROY DE FRANCE ET DE NAVARRE. A tous presens & ad-uenir salut, ayant recogneu cy-de-uant, combien il importoit au pu-blic, que les grands chemains, chaus-sées, ponts, passages, riuieres, places publiques & ruës des villes & faux-bourgs de cestuy nostre Royaume, fussent rendus en tel estat, que pour le libre & commodité de nos subiects ils ny trouuas-sent aucun destourbier ou empeschement, nous aurions à ceste occasion faict expedier nostre Edict du mois de May, mil cinq cens nonante neuf, pour la creation en tiltre d'office de l'Estat de grãd Voyer de France : afin que celuy qui en feroit pouruen, y apportaft vn tel foing, vigilance & affection que nous & le public en peuft tirer l'vtilité requife. Ce qu'ayãt depuis faict pour la perfonne de noftre tres-cher & amé Coufin le fieur Duc de Suilly, grand Maiftre de noftre Artillerie, Gouuerneur & noftre Lieutenant general en Poictou, qui s'en feroit iufques à prefent fi dignement acquitté, qu'il nous à donné tout fubiect de contentement, mais d'autant que depuis la difcontinuation de ladite charge de grand Voyer, il s'eft gliffé plufieurs defordres au faict de ladite Voirye, particulierement en noftre ville de Paris, par les entreprifes des iuges des feigneuries, hauts iufticiers, lefquels outre leurs fonctions ordinaires, difputent les droicts attribuez à leurs charges : auffi par la negligence de noſ officiers en icelle pour n'auoir affez donné à cognoiftre à vn chacun ce que portoient les reglemens cy-deuant fur ce faicts, & fur droicts qui font attribuez à la Voyrie de ladite ville, nous auons eftimé non feulement vtile, mais tres-neceffaire pour le bien de nos fubiects, leur donner vne partie cognoiffance de noftre volonté fur le fait de ladite Voyrie : comme auffi pour le droict que nous voulons eftre d'ofrefnauant perçeu par nos Voyers, ou ceux qui feront par eux commis à ceft effect. A ces canfes, nous de l'aduis de noftre Confeil auquel eſtoient plufieurs Princes de noftre fang, & autres notables Seigneurs de noftre Royaume.

Auons par ceftuy noftre Edict & reglement perpetuel & ireuocable, voulu & ordonné que les articles contenus en iceluy concernans ladite Voyrie foient entretenus fignez & obferuez de poinct en poinct par tous nofdits fubiects.

Premierement que la Iustice en ladicte Voyrie sera a l'aduenir exercez ainsi, & par lesdits Iuges qu'elle auoit accoustumé auparauant, sans
toutesfois preiudicier au droict d'icelle.

Nous voulons que nostre grand Voyer, ou
autres par luy commis, ayant la cognoissance
en ladite Voyrie, tant les villes, faux-bourgs &
grands chemains, voyes, appellez chemains
Royaux, & que nos amez & feaux Conseillers
les gens de nostre Chambre du Thresor de Paris,
cognoissent de tous differens qui interuiendront
pour leurs droicts deubs & affectez à ladite Voyrie, ausquels nous auons attribué & attribuons la
cognoissance de tels differends, qui y seront par
eux iugez & terminez, nonobstant sans preiudice
de l'appel, iusques à la somme de dix liures parisis
d'amende, & au dessous, & pour les sommes ex-
cedans dix liures parisis par prouision, pour ce qui
est de nostre Domaine seulement, & du Preuost
de Paris, pour ce qui regarde à la Police, comme
les allignemens, perils eminans, & autre cas sem-
blables de la ville & faux-bourgs d'icelle, & par
appel en nostredite Cour de Parlement, la moitié
desquelles amendes à nous reseruez, sera mise en-
tre les mains du receueur de nostre Domaine de
ladite ville, & l'autre moitié appartenant audict
grand Voyer & sesdits comms, pour & au lieu
des frais qu'il conuient faire iournellement en
l'exercice de sa charge, au payement desquelles
les particuliers seront contraincts en particulie-
res sentences ou extraicts du Greffe, en la maniere accoustumees.

Voulons aussi & nous plaist, que lors que les

ruës, & chemains seront encombrees ou incom-
modées. nostredict grand Voyer ou ses commis,
enioingnent aux particuliers de faire oster lesdicts
empeschemens, & sur l'opposition ou differens
qui en pourroient resulter, faire condamner lesdits particuliers, qui n'auront obey à ses ordonnances, trois iours apres la signification qui leur
en sera faicte, iusques à la somme de dix liures &
au dessous, pour lesdictes entreprises par eux faictes, & pour cest effect les faire assigner à sa requeste pardeuant ledit Preuost de Paris, auquel
nous donnons aussi tour pouuoir & iurisdi-
ction.

Deffendons aussi a nostredict grand Voyer où
ses commis, de permettre qu'il soit faict aucunes
saillies, aduances, & pan de bois, estre aux autres
bastimens neufs, & mesmes à ceux ou il y en a à
present, de contraindre lesdits redifiez, ny faire
ouurages qui les puissent conforter, conseruer, &
soustenir, ny faire aucun encorbellement en ad-
uance, pour porter aucun mur, pan de bois, où
autres choses en saillie, & porter à faux sur lesdictes ruës, ains faire le tout continuer à plomb,
depuis le rets de la chaussee tout contremont, &
pouruoir à ce que les ruës s'enbellissent & eslar-
gissent au mieux que faire se pourra, & en bail-
lant par luy les allignemens, redressera les murs,
ou il y aura ply ou conde, & tout sera tenu de dó-
ner par escript son procez verbal de luy signé, ou
de son Greffier, portant l'alignement desdicts
edifices de deux toises en deux toises, à ce qu'il
ny soit contenu : pour lesquels allignemens, nous
luy auons ordonné soixante sols parisis pour mai-

son, payable par les particuliers qui feront faire
lefdites edifications fur ladite Voyrie encores
qu'il y euſt pluſieurs allignement en icelle, n'e-
ſtant compté que pour vn ſeul.

Comme auſſi nous deffendous à tous noſdits
ſubiects de ladite ville, faux-bourgs, Preuoſté &
Vicomté, & aurtes villes de ce Royaume, faire
aucun edifice, pan de mur, iambe, eſtrier, encoi-
gneures, caues ny caual, ferme ronde en ſaillie,
pieges, bartieres, contefeneſtres, huis de caues
bornes, pas, marches, ſieges, montoires à che-
ual, auuens, enſeignes, eſtablies, caige de menu-
zerie, chaſſis à verre, & autres aduances ſur ladite
Voyrie, ſans le congé & allignement de noſtredit
grand Voyer ou de ſeſdits commis, pourquoy
faire luy auons attribué & attribuons la ſomme
de ſoixante ſols pariſis : & apres la perfection d'i-
ceux, ſeront tenus leſdits particuliers d'en aduer-
tir ledit grand Voyer ou ſes commis, afin qu'il re-
colle ſeſdits allignemens, & recognoiſſent ſi les
ouuriers auront trauaillé ſuiuant iceux, ſans toutesfois payer aucune choſe, pour ledit recolle-
ment & confrontatiõ : & ou il ſe trouueroit qu'ils
auroient contreuenu auſdits allignemens, ſeront
leſdits particuliers aſſignez pardeuant ledit Pre-
uoſt de Paris ou ſon Lieutenant, pour voir ordonner que la beſongne mal plantée ſera abatuë, &
condamnez en telle amande que de raiſon, ap-
plicable comme deſſus.

Deffendons au commis de noſtredit grand
Voyer de prendre aucuns droicts pour mettre les
treillis de fer aux feneſtres ſur ruës, pourueu
qu'ils n'excedent les corps des murs qui ſeront

tirez à plomb, & pour ceux qui sortiront hors des
murs, payeront la somme de 60. sols tournois.

Faisons aussi deffences à toutes personnes de
faire & creuser aucunes caues sous les ruës, &
pour le regard de ceux qui voudront faire degrez
à monter en leurs maisons, par le moyen desquels
les ruës estrecissent, faire sieges esdites ruës, estail
où fermer aucunes ruës, faire planter bornes au
coing d'icelles, és entrees des maisons, poser enseignes nouuelles, ou faire le tout reparer, prei-
gnent congé dudit grand Voyer ou commis, pour
lesquelles choses faictes de neuf, & pour la permission premiere, nous luy auons attribué & attribuons la somme de soixante sols tournous
pour la visitation d'icelles, & pour celles qu'il
conuiendra seulement reparer & refaire, la somme trente sols tournois, & où aucuns voudroient
faire telles entreprises sans lesdictes permissions,
le pourra faire condamner en ladite amende de
dix liures, payables comme dessus, ou plus grande somme, si le cas y eschet, & faire abatre lesdites entreprises : le tout au cas que lesdites entreprises n'incommodent le public, & pour cet effect sera tenu le commis dudit grand Voyer se
transporter sur les lieux auparauant que donner
la permission & congé de faire lesdites entreprises.

Pareillement auons deffendu & deffendons à
tous nosdits subiets de ietter dans les ruës, d'eaux
ne ordures par les fenestres de iour ne de nuict, faire preaux, ny aucuns iardins en saillies aux hautes
fenestres, ny pareillement tenir siens, terreaux,
bois, ny autres choses dans les ruës & voyes
publi-

publiques, plus de vingt-quatre heures, & encores sans sans incommoder les passans, autrement
luy auons permis & permettons de les faire condamner en l'amende, comme dessus, auquel
Voyer ou commis, nous enioignons se transporter par tout les ruës, mesmes par les maistresses
de quinze en quinze iours, afin de commander
qu'elles soient deliurees & nettoiees, & que les
passans ne puissent receuoir aucunes incommo-
ditez.

Defendons aussi à toutes personnes de faire des
eviers plus hauts que rets de choussée, & mesmes
sans la permission de nostredit grand Voyer, ses
Lieutenans ou commis, pour laquelle permission
luy sera payé soixante sols indistinctement, tant
pour ceux qui sont au rets de chaussees, que ceux
qui ne se trouueront audit rets de chaussée.

Ordonnons à nostredit grand Voyer ou commis, de faire crier aux quatre festes annuelles de
l'an de par nous & de par luy, à ce que les ruës
soient nettoiées : Et outre qu'il y ait a ordonner
aux chartiers conduisans terreaux, grauois, & autres immondices, de les porter aux champs, aux
lieux destinez, aux voiriés ordinaires, & au defaut
de luy soir saisira les cheuaux & harnois des contreuenans, pour en faire son rapport sans qu'il
puisse donner main leuee qu'il n'en soit ordonné.

Enioindra aux sculteurs, charons, marchans de
bois, & tous autres, de retirer & mettre à cou-
uert, soit dans leurs maisons & ailleurs ce qu'ils
tiennent d'ordinaire dans les ruës, comme pier-
res, coches, charettes, chariots, trouts, pieces de
bois, & autres choses qui peuuent empescher ou

incommoder ledit libre paſſage deſdites ruës,
comme auſſi aux tinturiers, foulons, frippiers, &
tous autres de ne mettre ſeicher ſur perches de
bois, ſoit és feneſtres de leurs greniers où autres
ſur ruës, & voyes, aucuns draps, toilles & autres
choſes qui peuuent incommoder & offuſquer la
veuë deſdites ruës, ſur les peines que deſſus, &
ſur les contrauentions qui ſe feront, leſdites def-
fenſes eſtant faictes par ledit ſieur grand Voyer
ou ſes commis, ſeront les contreuenans condamnez en l'amende comme deſſus.

Voulons & nous plaiſt, que ledit grand Voyer
& ſes commis ayent l'œil & cognoiſſance du pa-
uement deſdites ruës, voyes, quais, & chemains,
& ou il ſe trouuera quelques pauez caſſez, rom-
pus ou enleuez, qu'ils les faſſent refaire & reſta-
blir promptement, meſmes faire couuerture des
maiſons, des refuſans d'icelles, aux deſpens des
detempteurs deſdites maiſons, inionction preal-
lablement faicte auſdites detempteurs, & prendra garde que le paué de neuf ſoit bien faict, &
qu'il ne ſe trouue plus haut eſleué que celuy de
ſon voiſin.

Deffendons au commis de noſtredit grand
Voyer, de donner aucune permiſſion de faire des
marches dans les ruës, mais ſeulement continuer
les anciennes és lieux ou elles n'empeſchent le
paſſage.

Ne pourra auſſi noſtredit Voyer ou commis,
donner permiſſion d'auxer plus bas que de dix
pieds, à prendre du rets de choſes en amont, &
pour ceux qu'il donnera, enſemble pour les enſeignes, luy appartiendra pour les permiſſions

nouuelles soixante sols tournois, & pour le changement des enseignes, refection & changement
d'auuans en prendra que trente sols tournois.

Et d'autant que la plus grande partie des abus
qui se sont commis en ladite Voyrie, sont proue-
nus à cause des permissions que donnent les commis d'aucuns seigneurs, hauts Iusticiers, tant lais,
que Ecclesiastiques, pretendans auoir droict de
Voyrie en nostredite ville. faux-bourgs, Preuosté
& & Vicomté de Paris, qui n'ont tenu compte,
deliurant lesdites permissions, de prendre exacte-
ment garde si elles estoient conformes aux reigle-
mens & ordonnances faictes sur le faict de ladite
Voyrie, & ceste cause nous voulons & entendons
qu'où il se trouuerta que lesdits Voyers particuliers ayent cy-deuant donné, ou donnent cy-apres
icelles permissions contre la teneur de nosdits
Edicts & ordonnances, ledit sieur grand Voyer,
ses Lieutenans ou Commis, les feront appeller
pour les faire condamner a reparer ce qui auroit
esté mal-faict, le tout sans preiudice desdits, Seigneurs, & autres pretendans droicts de haute Iustice & Voyrie en nostredite ville, faux-bourgs,
Preuosté & Vicomté, lesquels nous voulós apres
la verification du present reiglement estre appellez à la diligēce de nostre procure general, auquel
mandans ainsi le faire, pour eux ouis & les tiltres
qu'ils produiront veus & examinez, leur estre
pourueu ainsi que de raison.

Entendons aussi que ledit grand Voyer & ses
Commis en la ville Preuosté & Vicomté de Pa-
ris, iouyssent bien & deuëment, comme les autres
Voyers ont cy-deuant iouy, de tous les autres

menus droicts qui luy sont attribuez par les tiltres
de ladite Voyrie, extraicts de nostre Chambre des
Comptes, Thresor & Chasteller de Paris : Comme chandelles, gasteaux, beure, œufs, fromages,
figues, raisins, boucquets, rozes , & plusieurs autres menus droits qui se ceuillent & perçoiuent
par chacun an & iour , & saisons accoustumees,
de ceux & celles qui estalent, & placent sur ladite
Voyrie, tant és marchez, ruës, voyes & places
publiques de nostredite ville, faux-bourgs , Preuosté & Vicomté de Paris ? Tous lesdits droicts
ordonnez estre perçeus par plusieurs Arrests, sentences & iugemens donnez, tant par nostredite
Cour de Parlement, les Conseillers de ladite Iustice de nostre Thresor, que par nostre Preuost de
Paris.

Voulons & nous plaist que ledit grand Voyer
ou Commis pouruoient des places vulgairement
& anciennemēt appellez les places ordonnees par
le feu Roy S. Louys , estre aufmonees à pauures
femmes veufues & filles orphelines , & à marier
size, tant és halles de Paris, ruë au Feure , qu'és
enuirons , comme aussi de toutes les autres places dependantes de ladite Voyrie scize tant esdi-
ctes halles, Cimetiere S. Iean, grand & petit Cha-
stelet , Marché-neuf , place Maubert & autres
lieux & endroits de nostre ville & faux-bourgs de
Paris, pour en iouyr comme cy-deuant les Voyers
en ont iouy bien & deuement.

Et desirant reigler les droicts des Lieutenans où
commis dudit sieur grand Voyer, és generalitez
de cestuy nostre Royaume ou ils pourront estre
establis , ou Voyers particuliers des autres villes,

Bailliages, Preuoſtez, & Seneſchauſſées, comme
n'eſtant raiſonnable auoir les meſmes droicts que
ceux de ladite ville. Preuoſté & Vicomté de Paris, tant pour n'eſtre leſdites charges de ſi grands
frais, auſſi qu'elles ne ſont ſi laborieuſes & peni-
bles : Ordonnons que iceux ne pourront pour
leurſdits droicts que le tiers de ce que nous auõs
arbitré pour ceux de ladite ville, Preuoſté & Vicomté de Paris, & ce dans les villes capitalles de
nos Balliges ſeulement, és choſes pour leſquelles
ils ont accouſtumé, & ſont en poſſeſſion de prendre droicts.

Leſquels Lieutenans & Commis de noſtre
grand Voyer, pourront commettre en chacune
ville vn maſſon, ou autre perſonne capable, pour
donner les allignemens ſur ruës, le nom ſera en-
regiſtré en la iuſtice ordinaire : le ſurplus des autres charges & fonctions, ledit commis les fera en
perſonne. En quoy faiſant luy ſera obey, ſans
qu'il ſoit beſoin de Sergent pour faire faire ledites
ſignifications appartenant à ſa charge, ſauf s'il
employe autre gens ſous luy, pour voir les contrauentions : auquel cas ſeront tenus les Commis des Lieutenans de noſtredit grand Voyer, de
ſe ſeruir des Sergens ordinaires.

Si donnons en mandement à nos amez & feaux
Conſeillers, les gens tenans noſtre Cour de Parlement, Baillifs, Seneſchaux, Preuoſts, & à tous
autres iuges & officiers, & à chacun d'eux en-
droicts ſoy, comme il appartiendra, que ces pre-
ſentes ils facent lire, publier, & enregiſtrer, & le
contenu en iceluy entretenir, ſuiure, garder, &
le contenu en iceluy entretenir, ſuiure, garder, &

obseruer selon sa forme & teneur, sans souffrir ny permettre qu'il y soit contreuenu en maniere que ce soit, cessant & faisant cesser tous empeschemens au contraire & afin que soit chose ferme & stable à tousiours, nous auons fait mettre nostre seel à cesdites presentes. Donné à Paris au mois de Decembre, l'an de grace 1607. & de nostre regne le dix-neufiesme. Signé, Henry, & plus bas, par le Roy. Potier.

Et à costé visa, & seellez du grand seel en cire verte, en lacqs de soye rouge & vert.

Registrées, ouy le Procureur general du Roy, pour estre le contenu en icelles garde, entretenu, & obserué selon leur forme & teneur. A Paris en Parlement le quatorziesme Mars, l'an 1608. Signé, Du Tillet.

Extraict des Registres de Parlement.

VEv par la Cour, les grand Chambre, Tournelle, & de l'Edict, assemblees les lettres patentes du Roy en forme d'Edict, donnees à Paris au mois de Decembre dernier, signees par le Roy, Potier, & seellees du grand seel de cire verte en lacqs de soye rouge & verte, contenant l'ordre & le reglemẽt que ledit sieur veut estre obserué en la fonction & droicts de l'office de grand Voyer de France. Requeste presentées à ladite Cour par Messire Maximilian de Bethune, Duc de Sully grand Maistre, & Capitaine general de l'artillerie, & grand Voyer de France, tendant afin de verification desdites lettres, conclusions du Procu-

reur general du Roy, & tout confidere. Ladicte
Cour à ordonné, que lefdites lettres feront regi-
ftree, és regiftres d'iceluy, ouy le Procureur general du Roy, pour eftre le contenu d'icelle garde, entretenu & obferué felon leur forme & teneur, faict en Parlement le quatorziefme Mars,
l'an mil fix cens huict, Signé, Voyfin.

Regiftrees femblablement en la chambre des
Comptes, ouy le Procureur general du Roy, en
vertu d'autres lettre patentes de fa Maiefté, donné à Paris le vingt-cinquiefme iour de Mars dernier paffé, contenant relief d'adreffe des prefentes, pour ce qui y eft contenu, eftre gardé, entretenu, & obferué felon fa forme & teneur, le dix-
neufiefme iour de May, l'an mil fix cens huict, De
la Fontaine.

Ces prefentes, enfemble les arrefts interuenus
fur lefdites lettres, ont efté regiftrees au neuſief-
me volume des derniers regiftres ordinaires du
Chaftellet de Paris, fuiuant le iugement donné
audit Chaftelet, ce requerant le Procureur du
Roy audit Chaftelet pour y auoir recours quand
befoin fera. Faict & regiftré audit Chaftelet le
Mecredy quatriefme iour de Iuin, l'an mil fix
cens huict. Signé, Remy.

Regiftres femblablement lefdits arrefts en la
Chambre de la Iuftice du Threfor à Paris, ce requerant le Procureur du Roy en iselles, pour y
auoir recourt quant befoin fera, faict à Paris en
ladite Chambre du Threfor, le dixiefme iour de
Iuin, l'an mil fix cens huict.

Signé, Bachelier.